شفیق فاطمہ شعریٰ کے فن کا ایک جائزہ

مصحف اقبال توصیفی

© Taemeer Publications LLC

Shafiq Fatima Shera ke Funn ka aik jaiza
by: Mushaf Iqbal Tausifi
Edition: April '2024
Publisher :
Taemeer Publications LLC (Michigan, USA / Hyderabad, India)

ISBN 978-93-5872-334-2

مصنف یا ناشر کی پیشگی اجازت کے بغیر اس کتاب کا کوئی بھی حصہ کسی بھی شکل میں بشمول ویب سائٹ پر
اَپ لوڈنگ کے لیے استعمال نہ کیا جائے۔ نیز اس کتاب پر کسی بھی قسم کے تنازع کو نمٹانے کا اختیار
صرف حیدر آباد (تلنگانہ) کی عدلیہ کو ہو گا۔

©تعمیر پبلی کیشنز

کتاب	:	**شفیق فاطمہ شعریٰ کے فن کا ایک جائزہ**
مصنف	:	**مصحف اقبال توصیفی**
پروف ریڈنگ / تدوین	:	اعجاز عبید
صنف	:	تحقیق و تنقید
ناشر	:	تعمیر پبلی کیشنز (حیدر آباد، انڈیا)
سالِ اشاعت	:	۲۰۲۴ء
صفحات	:	۵۲
سرورق ڈیزائن	:	تعمیر ویب ڈیزائن

فہرست

شفیق فاطمہ شعریٰ کے ساتھ ایک بے تکلف گفتگو 6

انتخاب کلام

گڑیا گھر 29

بازیابی 37

فصیل اورنگ آباد 39

جب بھی سحر آئی 47

بازگشت 50

شفیق فاطمہ شعریٰ کے ساتھ ایک بے تکلف گفتگو

مصحف اقبال توصیفی: خلیل مامون صاحب نے مجھ سے خواہش کی ہے کہ میں آپ کے فن اور آپ کی زندگی کے بارے میں کچھ باتیں قارئینِ "اذکار" تک پہنچانے کی کوشش کروں۔ اس وقت گفتگو کے آغاز پر مجھے مومنؔ کا ایک شعر یاد آرہا ہے جو میرے خیال میں یا تو مومن کہہ سکتے تھے یا ہمارے اس عہد میں بس آپ کہہ سکتی ہیں۔ (مومنؔ کی روح سے معذرت کے ساتھ) اگر ہم اس شعر میں تھوڑی سی تبدیلی کر سکیں کہ لفظ "تم" کی جگہ "سب" رکھ دیں تو یہ شعر یوں ہو گا:

خود بینی و بے خودی میں ہے فرق
میں "سب" سے زیادہ کم نما ہوں

خود بینی و بے خودی کی حد تک تو ٹھیک ہے، لیکن آپ کی کم نمائی کا سبب کہیں یہ تو نہیں کہ آپ کے گھر کا ماحول بہت مذہبی، بہت قدامت پرست تھا۔ لڑکیوں کی تعلیم، شعر و ادب سے شغف، لکھنے پڑھنے پر روک ٹوک کہ یہ پڑھو، وہ نہ پڑھو، یہاں جاؤ، وہاں نہ جاؤ، کیا ایسی پابندیاں تھیں؟ ہمیں اپنے بچپن کے حالات، اپنے والدین، بزرگوں، بھائی، بہنوں، گھریلو ماحول اور ابتدائی تعلیم کے بارے میں بتایئے؟

شفیق فاطمہ شعریٰ: والدین کی چوتھی بیٹی ہونے کے بعد انھوں نے سوچا کہ بس ہم اپنی اس بیٹی کو بیٹوں کی طرح پالیں گے۔ ان کی بات میں جان تھی۔ چنانچہ ویسا ہی ہوا۔

بچپن کھیل کود اور من مانی کتابیں پڑھنے میں ختم ہوا۔ باہر کھیلنے پر بھی کوئی پابندی نہیں تھی لیکن خود کھیلنے کے بجائے ہم دور بیٹھے چھوٹے بھائی غضنفر اور دوسرے بچوں کے کھیل کود کا تماشا دیکھتے رہتے۔ گھر لوٹ کر کتابوں کا ایک ذخیرہ تھا اور ہم۔

ابا سید شمشاد علی کو کتابیں جمع کرنے کا بہت شوق تھا۔ وہ خود تاریخ میں ایم۔ اے تھے۔ تاریخ سے ہٹ کر معیاری ادب اور تصوف کا سرمایہ بھی ہمارے گھر میں محفوظ تھا۔ گھر کی کھلی فضا میں نظریاتی اور مسلکی اختلافات پر بحث مباحثہ کی پوری آزادی تھی۔ قرآن مجید پہلے زبانی یاد کیا پھر ترجمہ کی نوبت آئی۔

گھر کے باہر کا ماحول ایسا تھا کہ پریم چند کے ناول پڑھتے وقت یہ احساس ہوتا کہ آنکھوں دیکھا حال ہے۔ انیسؔ کے مرثیے پڑھتے ہوئے حالی کی مسدس بھی یاد آتی۔ دونوں کے درمیان جو زمانی فصل تھا اسے محسوس کرتے مگر بیان کرنا مشکل تھا۔ شعر العجم کی کوئی جلد اٹھا کر کہیں سے بھی پڑھتے اور جہاں دل چاہتا کتاب بند کر دیتے۔ رامائن اور مہابھارت کے کرداروں کا حوالہ بھی عام گفتگو میں دیا جاتا۔ یہ کتابیں ہمارے گھر میں موجود تھیں۔ 'ضربِ کلیم' کی ورق گردانی کرتے ہوئے احساس ہوا کہ شاعر نے اس مجموعہ میں اپنا لہجہ ہیرے کی دمکتی ہوئی صلابت سے تراشا ہے۔ پھر ارمغان حجاز۔ تو ہم نے اس کا منظوم اُردو میں ترجمہ کیا۔ جاوید نامہ کا منظوم ترجمہ ادھورا رہ گیا۔ اس دوران ہم نے شعر کہنا شروع کر دیا تھا۔ گیتا مراٹھی میں پڑھی۔ اب پتہ نہیں وہ سب کتابیں کہاں ہو نگی۔

گھر میں درویشوں اور مجذوبوں کی پذیرائی کا ایک سلسلہ تھا جو کبھی ختم نہ ہوا۔ ننھیال میں یہ صورت حال نہیں تھی۔ نانا سید اکرام علی نے اُس زمانے میں میٹرک

کیا تھا۔ ناگپور میں محکمہ تعلیمات سے وابستہ رہے۔ گھر میں کتابوں کا جو ذخیرہ تھا اس میں خانقاہی رسم پرستی کے خلاف بہت مواد تھا۔ وہ اپنی تقریروں میں بھی اس موضوع پر لوگوں کو مخاطب کرتے اور نصیحت کرتے۔ بڑے ماموں نے تحریک آزادی میں شریک ہونے کی خاطر اپنی تعلیم کا سلسلہ بی۔ اے کرتے ہوئے ختم کر دیا۔ ملک کی آزادی کے بعد اُن کے نام بھی تحریک آزادی میں شریک شہری کی حیثیت سے پنشن جاری کی گئی۔ ننھیال کے لوگ فتح پور سے غدر کے بعد سی پی (مدھیہ پردیش) آگئے تھے۔

مصحف: اپنی زندگی کے کچھ دلچسپ واقعات بتائیں۔ آپ جس محلے میں رہتی تھیں۔ آپ کے اہل خاندان بزرگوں، بھائی، بہنوں میں کوئی شاعر، ادیب۔۔۔؟ آپ کی شاعری کے شوق کا محرک کیا تھا؟ سنا ہے کچھ شاعر، ادیب آپ سے ملنے آپ کے گھر بھی آ جاتے تھے اور آپ کے والدین کو اس پر اعتراض نہیں تھا۔ اپنے آبائی وطن سہارنپور، ناگپور جو آپ کی جائے پیدائش ہے، اورنگ آباد جہاں آپ پلی بڑھیں، پھر شادی کے بعد حیدرآباد آئیں اور یہیں کی ہو کر رہ گئیں۔ 'یادِ ایام عشرت فانی'۔۔۔ بہت یادیں ہوں گی۔ کچھ ایسے واقعات خوشگوار حادثات جو آپ کے حافظے کا حصہ بن گئے؟

شعریٰ: ملک کی تقسیم کے بعد اورنگ آباد منتقل ہوئے۔ ابا کا وطن سہارنپور میں تحصیل رُڑکی کا ایک گاؤں مادھوپور تھا۔ علی گڑھ سے بی اے کرنے کے بعد انہوں نے ناگپور کے محکمہ تعلیمات سے ملازمت کا آغاز کیا۔

اورنگ آباد میں قدیم تہذیبوں کے آثار پھیلے ہوئے تھے۔ یہاں ہم خوب گھومے پھرے۔ یہاں آنے کے بعد رائج الوقت تعلیم کی اہمیت کا اندازہ ہوا، گھر کی معاشی حالت سدھارنے کے لئے اس طرف متوجہ ہونا پڑا۔ بڑی بہن انیس فاطمہ نے انگلش میں ایم

اے کیا تو یہ سلسلہ چل پڑا۔ اسکولوں میں اور کالجوں میں ملازمت کے دروازے کھلنے لگے۔ ہم نے میٹرک کیا اور فرسٹ آئے۔ بی اے میں بھی یہی ڈویژن رہا۔ پھر ناگپور یونیورسٹی سے ایم اے کیا۔ تب کہیں جا کر مولانا آزاد کالج (اورنگ آباد) میں لکچررشپ کے لئے منتخب کئے گئے۔ اس کالج میں مخلوط تعلیم تھی۔ کسی نے اس پر اعتراض نہیں کیا۔

اورنگ آباد میں ہمارے گھر شاعروں کی آمد و رفت رہی۔ ابا مرحوم کے رہتے ہوئے بھی باہر کے شاعر، ادیب اور نقاد گھر کا پتہ پوچھتے پوچھتے چلے آتے۔۔۔ ابا نے کبھی اعتراض نہیں کیا۔

مصحف: اورنگ آباد کے کون شاعر۔۔۔؟

شعریٰ: کئی شاعر، ادیب، قاضی سلیم، وحید اختر، صفی الدین صدیقی، ابراہیم رنگلا وغیرہ۔

(گفتگو جاری رکھتے ہوئے) اس دوران دو چھوٹی بہنوں (قدسیہ اور ذکیہ) کو میڈیکل کالج میں داخلہ دلوانے پر ابا ناراض ہو کر وطن چلے گئے۔ ان کی غیر موجودگی میں چھوٹے بھائی سلمان نے انجینئرنگ کالج میں داخلہ لے لیا اور کامیابی سے ڈگری حاصل کی۔ ابا اس پر بھی خوش نہیں ہوئے۔

مصحف: تو گویا لڑکیوں کی تعلیم کے بارے میں آپ کے والدین کے مابین اختلاف نے ایسی صورت اختیار کر لی کہ آپ کے والد ناراض ہو کر وطن لوٹ گئے۔ ایک طرف آپ کے والد شاعروں، ادیبوں سے آپ کے ملنے پر معترض نہیں ہوئے اور تعلیم نسواں کے اس قدر مخالف؟ بات کچھ سمجھ میں نہیں آئی۔ پھر آپ کے والدین میں میل ملاپ ہو سکا؟

شعریٰ: ابا ثقہ ادبی گفتگو یا مباحث کے خلاف نہیں تھے لیکن وہ چاہتے تھے کہ ان کی بیٹیاں نو عمری میں مخلوط تعلیم کے تجربے سے نہ گزریں۔ ہمارے والدین کا رشتہ اس اختلاف کے باعث منقطع نہیں ہوا۔ خط کتابت جاری رہی۔

والدہ ظفر النساء بیگم نے ہر قدم پر ہمارا ساتھ دیا۔ انہوں نے فارسی پڑھائی اور دیوانِ حافظ کے قریب لا کر چھوڑ دیا۔ حافظ ہمارے عزیز ترین شاعر رہے ہیں۔ زندگی کے ہر دور میں ہم اس دیوان کی غزلوں پر عَش عَش کرتے رہے۔

اورنگ آباد میں رہتے ہوئے دنیا و مافیہا سے بے خبر خود اپنی شاعری کی طرف متوجہ ہوئے۔ فصیل اورنگ، نے پہلے ہی ہلے میں باذوق قارئین کے دل جیت لئے۔ بہت سے قاری یہ نہیں جانتے کہ ہم واقعی اس فصیل پر چڑھے تھے۔ چھوٹی بہن ساتھ تھی، اس نے کہا تھا باجی ہم نہیں سمجھتے تھے کہ آپ اس فصیل پر بغیر کسی سیڑھی کے چڑھ سکتی ہیں۔ اب اسکول جا کر سب کو بتائیں گے۔ ہم نے کہا اب اترنے کے لئے بھی کوئی سیڑھی نہیں ہے۔ ہمارا ہاتھ پکڑ لو اور زیادہ بک بک نہ کرو۔

مصحف: میں نے آپ کی نظمیں سب سے پہلے "گجر" جو نجم الثاقب شحنہ کی ادارت میں شائع ہوتا تھا اس رسالے میں اور "صبا" میں دیکھیں جس کے مدیر سلیمان اریب تھے۔ یہ ساٹھ کی دہائی کی بات ہے۔ اس وقت آپ کے ساتھ کے لکھنے والوں میں شاذ تمکنت، وحید اختر، قاضی سلیم، بشر نواز، انور معظم، عزیز قیسی، مغنی تبسم، زبیر رضوی کے نام نمایاں تھے۔ آپ سب کی ادبی حیثیت تسلیم کی جاچکی تھی بلکہ مسلّم تھی۔ میں نے دیکھا اور نہ سنا ہے، مخدوم اور شاہد صدیقی کا حیدر آباد ہو، خلیل الرحمن اعظمی کا اُس دور کا علی گڈھ، بمبئی ہو کہ لکھنؤ، جہاں معاصر شعر و ادب پر گفتگو ہو آپ کا نام کہیں نہ کہیں

ضرور آجاتا۔ ہر چند کہ "کوئی محل یہ تری برقع افگنی کا نہ تھا" آپ نہ کسی ادبی محفل میں نظر آتیں نہ مشاعروں میں شریک ہوتیں۔ حالانکہ آپ کالج میں پڑھاتی تھیں۔ کیا آپ کے شوہر بہت Possessive، پرانے خیالات کے حامل تھے۔ نہیں چاہتے تھے کہ آپ شاعروں، ادیبوں میں اُٹھیں بیٹھیں، کہیں آئیں جائیں یا یہ محض آپ کی عزلت پسندی تھی؟

شعریٰ: معاصرین قابل رشک تھے۔ ہم شادی کے بعد بھی انہیں یاد کرتے رہے۔۔۔

مصحف: ملاقاتیں بھی رہیں؟ وحید اختر بھی تعلیم کے سلسلے میں جامعہ عثمانیہ میں داخلہ لے چکے تھے۔ حیدرآباد میں تھے۔ انور معظم بھی۔۔۔ اُن کے علاوہ شاذؔ، اریبؔ، مخدومؔ، قیسیؔ۔۔۔

شعریٰ: ہماری سسرال میں ایسا طریقہ نہیں تھا۔ البتہ وحیدؔ خاندانی مراسم کی بنیاد پر ملنے آجاتے تھے۔ وحیدؔ کی بیوی ہماری دوست تھیں۔

حیدرآباد کا ماحول اورنگ آباد سے مختلف تھا۔ میرے شوہر ولی اللہ صاحب APAU (اگریکلچرل یونیورسٹی) سے وابستہ تھے۔ وہ امریکہ سے وٹرنری سائنس کی ڈگری لے کر لوٹے تھے۔ گاؤں گاؤں Extension Education کے سلسلے میں وہ ریاست کے مختلف مقامات کا دورہ کرتے تھے۔

میں ممتاز کالج میں لکچرر تھی جہاں مخلوط تعلیم تھی۔ اُن کو اس پر کوئی اعتراض نہیں تھا۔ ادیبوں اور شاعروں سے گھر پر ملنے کا طریقہ یہاں نہیں تھا۔ میں نے سب کو خط و کتابت کے لیے کالج کا پتہ دے دیا تھا۔ اپنی مرضی سے۔ ولی اللہ کو اپنی مرضی چلانے کی

عادت نہیں تھی۔

مصحف: کیوں۔۔۔؟ گھر کا پتہ کیوں نہیں؟

شعریٰ: کیوں کہ سسرال کے سب ہی لوگ ولی اللہ کی طرح روشن خیال نہیں تھے۔۔۔وہ کہتے تھے کہ مجھے اس پر کبھی رشک نہیں آتا بلکہ فخر محسوس ہوتا ہے کہ تم جہاں بھی رہی ہو مقبول خلائق رہی ہو۔ مگر تمہاری شاعری کو سمجھنا میرے لیے مشکل ہے۔

ولی اللہ صاحب کو دعوتیں کرنے کا بہت شوق تھا۔ ہر مہینہ کسی نہ کسی بہانے دعوت کا انتظام۔ ہماری مشترکہ آمدنی ان دعوتوں میں کھپ کے رہ گئی۔ پرانے گھر کو نیا بنانے کی نوبت نہ آئی اب جا کے کہیں وہ ادھورا بنا کھڑا ہے۔

مصحف: تو اس گھر میں ہم سب ادیبوں، شاعروں کی دعوت ہو گی۔۔۔

شعریٰ: ضرور۔۔۔فی الحال ہم باری باری اپنے تین فرزندوں کے گھر رہتے ہیں۔ بڑے محب اللہ واصف جنہوں نے آرکٹیکچر میں ڈگری لی ہے۔ دوسرے ثنا اللہ قسیم۔ کمپیوٹر انجینئر۔ تیسرے اکرام اللہ امان انہوں نے فارمیسی کی ڈگری لی، پھر ایم۔ بی اے کیا اور اسی ڈگری کی بنا پر ایک کالج میں لکچرر ہیں۔

مصحف: آپ کے کلیات "سلسلۂ مکالمات" (۲۰۰۶ء) کے مطابق آپ کے پہلے مجموعے "آفاقِ نوا" کا سن اشاعت ۱۹۸۷ء ہے۔ پھر اسی کلیات میں بعد کے تین اور مجموعوں کے نام ہیں "کرن کرن یادداشت"۔ "سلسلۂ مکالمات" اور "گلہ صفورہ" اور ان سب پر ۱۹۶۵ء کی تاریخ درج ہے۔ میرے پاس "گلہ صفورہ" کا جو نسخہ ہے (مطبوعہ مکتبہ جامعہ لمیٹیڈ، نئی دہلی) اس کے اندرونی صفحات پر لکھا ہے "پہلی بار ۱۹۹۰ء۔۔۔" یہ

سب کیا گڑبڑ ہے؟ آپ کی شاعری پر تحقیق کرنے والے تو ان ہی بھول بھلیّوں میں الجھ کر رہ جائیں گے۔ آپ کی شاعری پر گفتگو سے پہلے میں چاہتا ہوں آپ بتائیں کہ آپ کے شعری مجموعے کس ترتیب میں کس کس سن میں شائع ہوئے؟

شعریٰ: جو کچھ لکھا اس کی اشاعت کے مرحلے بہت بعد میں آئے۔ ان کی ترتیب اس طرح ہوگی:

"گلہ ٔصفورہ" پہلا مجموعہ جس میں شادی (۱۹۶۵ء) سے قبل کی نظمیں شامل ہیں لیکن اس کی اشاعت ۱۹۸۷ئ میں ممکن ہوسکی۔

"آفاقِ نوا" (۱۹۸۷ء) یہ دوسرا مجموعہ ہے جس میں شادی کے بعد کا کلام شامل ہے۔

"کرن کرن یادداشت" اور "سلسلہ ٔمکالمات" (۲۰۰۶ء) اس میں ۱۹۸۷ء کے بعد سے موجودہ دور تک کی نظمیں شامل ہیں۔

کلیات میں ابتدائی کلام آخر میں رکھا ہے جب اشاعت میں اس قدر تاخیر روا ہے تو ترتیب میں حسب مرضی ردّوبدل کیوں ناروا ہو۔

مصحف: ظاہر ہے ہمیں کیا اعتراض ہوسکتا ہے۔۔۔

ہمارے سارے ناقدین، اُن کی نظریاتی اختلافات جو بھی ہوں، سب ہی آپ کے کمالِ فن کے معترف رہے ہیں۔ ہمیں یہ بتائیے زبان و بیان پر یہ غیر معمولی قدرت، قرآنی حکایات اور تلمیحات کا خلاقانہ استعمال، اسلامی عقائد اور فکر سے زائیدہ دانش وری، نہ صرف تاریخ بلکہ تاریخ کے متوازی تاریخ کو صحیح سمت عطا کرتی ہوئی ایک زیریں رو کا شعور۔ یہ خوبیاں آپ کے شعری اظہار کی پہچان کیوں کر بنیں؟ ہماری کلاسیکی

شاعری میں انکی مثالیں کہاں کہاں ہیں؟ یا پھر یہ عربی اور فارسی کلاسیکی روایت کی توسیع ہے؟

شعریٰ: زبان و بیان پر غیر معمولی قدرت شعوری کوشش کا نتیجہ نہیں بلکہ اسے لاشعوری عادت کہہ سکتے ہیں۔

قرآن مجید خود پڑھا اور خود ہی سمجھنے کی کوشش کی۔ کسی معلّم کو زحمت اٹھانے کا موقعہ نہیں دیا۔ اسلامی عقائد اور فکر سے روشنی حاصل کرنے کا بھی یہی انداز رہا۔

تاریخ میں بادشاہوں اور ان کے جانشینوں کے نام مجھے یاد نہیں مگر ان سر فروشوں کے نام یاد ہیں جو حق بات کہنے میں فردِ فرید تھے، جنہوں نے بادشاہوں کی غلط کاریوں کو بے خوفی سے عوام کے سامنے اُجاگر کیا، دراصل دربار داری اغیار کی صفت تھی اور ملوکیت ایک اجنبی ادارہ جس سے ہم کبھی مانوس نہ ہو سکے۔

مصحف: شاعری میں مذہبی اور تاریخی شعور کے بارے میں میرا استفسار تھا۔ آپ کی شاعری کے علاوہ اساتذہ اور پیش روؤں میں یہ صفت، یہ خوبی میرے خیال میں اس کی روایت انیسؔ اور اقبالؔ کے ہاں ملے گی اور کون شاعر ہیں؟ اُردو میں پھر فارسی، عربی میں۔۔۔

شعریٰ: انیس یقیناً عظیم شاعر ہیں۔ جہاں تک زبان پر قدرت اور اسلوب بیان کا سوال ہے۔ لیکن اقبال کی شاعری میں تمام اسلامی افکار کو سمیٹنے کی کوشش نظر آتی ہے۔

فارسی میں مثنویِ مولانا روم میں اس کے اشارے مل جاتے ہیں۔ اس کے علاوہ سعدیؔ ہیں۔۔۔ عربی میں فرزدقؔ جن کے پاس راست تو نہیں لیکن بالراست ملوکیت کو غیر اہم ثابت کرنے کے اشارے ملتے ہیں۔

مصحف: آپ کی شاعری میں تاریخ کے مختلف ادوار کے اسرار و رموز کی گرہ کشائیاں، قدیم پائندہ روایات کے پہلو بہ پہلو عصری آگہی اور حسیت، فطرت کے ازلی حسن کی نگاہ کو خیرہ کرنے والی تابناکی، وہ جمالیاتی احساس جو قاری کے سینے کو روشن کر سکے، یہ سب تو آپ کو اپنے مطالعے، دل گداختگی اور علم و وجدان سے حاصل ہو سکا، ہم یہ جاننا چاہیں گے کہ آپ کی شاعری کے جو فنی پہلو ہیں ان کی تربیت کیسے ہوئی۔ علم و عروض پر ایسی دسترس جس کی مثال اُردو اور فارسی شاعری میں خال خال ہی مل سکے یہ وہبی قدرت ہے یا استادی شاگردی کی قدیم رسم سے وابستگی کا ثمر۔ انور معظم کہتے ہیں کہ علی گڈھ میں منیب الرحمن نے کوئی رسالہ کھولا تو آپ کی کوئی نظم یا غزل پڑھ کر چونک پڑے کہ ایسی بحر جس میں، ان کے خیال میں مولانا روم کے علاوہ کسی اور نے طبع آزمائی نہیں کی۔ فنِ عروض پر یہ مہارت آپ نے کیسے حاصل کی؟

شعریٰ: 'تاریخ کے مختلف ادوار کے اسرار و رموز گرہ کشائیاں، قدیم پائندہ روایات کے پہلو بہ پہلو عصری آگہی اور حسیت، فطرت کے ازلی حسن کی نگاہ کو خیرہ کر دینے والی تابناکی۔۔۔' وغیرہ وغیرہ۔ آپ نے اچھی خاصی شاعری کی ہے۔ کیا کہوں؟ شکریہ یا خاموشی اختیار کروں۔۔۔

مصحف: اب میں کیا کہوں۔۔۔؟

یاں لاکھ لاکھ لب پہ سخن اضطراب میں
واں ایک خامشی مرے سب کے جواب میں

شعریٰ: (ہنستے ہوئے) جی۔۔۔ (کچھ توقف کے بعد) جہاں تک علم عروض کا سوال ہے ہمارے گھر کافی کتابیں تھیں جن کو کھولتے ہی دل گھبرانے لگتا۔ یہاں تو بس فاعلاتن

مفاعیلن کا چکر ہے۔ آخر ہم نے اس دردِ سر کو شاعرانہ لاشعور کی سطح کے حوالے کر دیا۔ یہ بڑے کام کی سطح ہے، خاص طور پر اس وقت جب کوئی شعوری سطح پر بک بک کر کے تھک جائے۔ لاشعور کی سطح اس مسئلے کو حل کر چکی ہوتی ہے۔

مصحف: آپ کی شاعری کے بارے میں ایک عام احساس یہ ہے کہ یہ ہماری سمجھ میں نہیں آتی۔ میرے خیال میں آپ کی شاعری میں جو ابہام ہے وہ تجربہ یا احساس کی پیچیدگی کا نہیں جیسا کہ مثلاً میراجیؔ کی شاعری۔۔۔ اس کے برخلاف آپ کا تجربہ نہایت واضح ہے۔ مشکل یہ ہے کہ آپ کا تاریخی اور تہذیبی شعور اس قدر ارفع ہے اور آپ کی شاعری کو سمجھنے کے لیے اس تک رسائی اس قدر ناگزیر ہے کہ جب تک ہم آپ کے علم اور فلسفے کی سرحد کے آس پاس نہ پہنچیں، ابلاغ کا مسئلہ باقی رہتا ہے۔ تو گویا اس نارسائی کے ذمہ دار ہم خود ہوئے۔ لیجئے حکیم مومن خاں پھر ہمارے آپ کے درمیان آ گئے۔ یہ تو وہی بات ہوئی کہ "ہم الزام اُن کو دیتے تھے قصور اپنا نکل آیا۔" اس 'عذرِ امتحانِ جذبِ دل' کے بارے میں آپ کیا کہیں گی؟

شعریٰ: ہاں۔ آپ نے ٹھیک کہا۔ ہماری شاعری میں تجربے کی ایسی پیچیدگی نہیں جیسی کئی شاعروں کے ہاں آپ کو ملے گی۔ رہی تاریخی اور تہذیبی شعور کی بات تو میرے خیال میں تاریخی اور تہذیبی شعور سے قاری کا ہم آہنگ ہونا ضروری ہے۔ اگر اس کے باوجود ابلاغ کا مسئلہ باقی رہتا ہے تو ہم بھی مومن کا یہ مصرعہ دُہرائیں گے کہ "ہم الزام ان کو دیتے تھے قصور اپنا نکل آیا"

پبلشر کی عنایت سے کتاب قاری کے ہاتھوں تک پہنچ نہیں پاتی۔ وہ ہر بک اسٹال سے مایوس لوٹتا ہے۔ پھر جو کتاب نایاب ہو وہ ناقابل فہم ہو کر رہ جاتی ہے۔

مصحف: سنجیدہ ادبی حلقوں میں تو سبھی آپ سے واقف تھے، رسائل کے ذریعے لیکن آپ کی شاعری کی تفہیم اور اسے باذوق قارئین تک پہنچانے میں محمود ایاز اور اُن کے رسالے "سوغات" نے نہایت اہم کردار ادا کیا ہے۔ آپ کی شاعری کسی ایک نقاد کے بس کی بات نہیں تھی۔ آپ کی شاعری میں جو اسلامی اور اس سے بھی کہیں قدیم مقامی تاریخی حوالے، فکر و فلسفہ، مذاہب اور تصوف کی روایت کا شعور ہے ان سب کا احاطہ محض ایک شخص کے لیے مشکل تھا۔ محمود ایاز "سوغات" اور پھر اس کی وساطت سے حمید نسیم۔ جس طرح آپ سے خط کتابت کے بعد آپ کی شاعری پر ایک نہایت بسیط، طویل اور عمدہ مضمون لکھ سکے وہ ان کی برسوں کی ریاضت کا نتیجہ ہے۔ حمید نسیم اور محمود ایاز سے آپ کی خط کتابت کیسے شروع ہوئی اور کتنے عرصے پر محیط رہی۔ کیا موضوعات زیر بحث رہے۔ کچھ روداد سنایئے۔ حمید نسیم نے تو لکھا ہے کہ کراچی میں مولانا محمد طاسین کے علاوہ انہوں نے سب سے زیادہ کسبِ فیض آپ ہی سے حاصل کیا جس کے سبب انہیں قرآن حکیم کی عالمی مذاہب اور فلسفہ کے تناظر میں تقابلی تفسیر لکھنے کا حوصلہ مل سکا۔

شعریٰ: "سوغات" میں چھپنے کے لیے یہ ضروری نہیں تھا کہ ہم کسی تحریک سے وابستہ یا کسی ادبی گروہ کے ترجمان ہیں۔

مصحف: میں نے یہ نہیں کہا۔۔۔

شعریٰ: نہیں میں کہہ رہی ہوں۔۔۔ تو یہ کہ اس رسالے میں شائع ہونے والی سب تحریریں معیاری ہوتیں اور محمود ایاز کا رویہ سب کے ساتھ یکساں تھا۔ محمود ایاز کی متانت اور شائستگی میں پاکیزگی کی جھلک تھی جس نے مجھے بہت متاثر کیا۔ سوغات میں لکھتے ہوئے

یہ احساس رہا کہ میری نظموں کو ایسے ہی رسالہ کی ضرورت تھی۔۔۔ورنہ

ہیں تو گونگے خاکداں کی ان کہی، اے اجنبی

اجنبیت کی بات کیسے چلی۔ اجنبیت تو روز اوّل سے خارج از بحث تھی۔ مگر انسانی سطح پر۔ صنفی سطحی پر نہیں۔ یہاں انسانی سطح اور اس کی پہچان کو متعین کرنے کے لئے انسانی آفاق کا مشرقی پس منظر درکار ہے۔ محمود ایاز کی ایک نظم یاد آئی:

"اجنبی کیسے کہوں

تم تو مرے دل کی نہاں خانوں میں

سوئے ہوئے

ہر خواب کا چہرہ نکلیں"

آخری دور میں محمود ایاز صاحب کو میں نے طویل خطوط لکھے جو انہوں نے بڑے اہتمام سے سوغات میں چھاپے۔ پھر حمید نسیم صاحب کو اجازت دی کہ ان کو اپنی تحریروں میں حوالہ کے طور پر استعمال کریں۔

مصحف: حمید نسیم کے علاوہ آپ کے فن پر باقر مہدی، خلیل الرحمن اعظمی، مجید امجد، مضطر مجاز اور کئی اہل قلم نے مضامین لکھے ہیں۔ کیا ان مضامین میں کچھ ایسی باتیں بھی آگئی ہیں جو آپ کے لئے چونکا دینے والی ہوں یا کچھ ایسی باتیں جہاں اختلاف رائے کی گنجائش نکلتی ہو۔ کیا یہ ممکن ہے کہ یہ سارے مضامین کتابی صورت میں یکجا ہو سکیں۔ (بلکہ یہ ہماری آپ کی بات چیت بھی) تاکہ آپ کے بارے میں اب تک جو کچھ کہا گیا ہے یا آپ نے اپنی شاعری کے علاوہ علم و ادب کے جن موضوعات پر اظہارِ خیال کیا ہے وہ سب مستقبل کے ادب کے قاری کے لیے محفوظ رہ سکے۔

شعریٰ: ہم نہیں سمجھتے کہ کچھ ایسی باتیں ہو سکتی ہیں جہاں اختلافِ رائے کی گنجائش ہو۔ ہماری شاعری کے بارے میں جو کچھ بھی لکھا گیا ہے ایسے تمام مضامین یکجا شائع کرنے کا ارادہ ہے۔ ابھی تک کامیابی نہیں ملی۔

مصحف: "سوغات" میں اپنے ایک خط میں "توبۃ النصوح" میں نصوح کے رویہ کی بابت گفتگو کرتے ہوئے آپ نے مکتب اور اسکول کی روایت کے مابین فرق کا ذکر کیا ہے۔ آپ نے نہ صرف مکتب بلکہ عصری علوم سے بھی فیض حاصل کیا ہے۔ آپ کی شاعری میں ہمیں جو روحانی، مذہبی اور ثقافتی Ethos نظر آتا ہے شاید وہ بڑی حد تک مکتبی فکر کی دین ہے۔ کیا آپ اسکول کی روایت سے بیزار ہیں اور اس لیے کہ مکتبی روایت پر اس کا غلبہ محسوس کرتی ہیں۔ اسی طرح جیسے اقبال مغربی اور مشرقی اقدار کے ٹکراؤ کو محسوس کرتے تھے اور ان کی شاعری کا غالب حصہ ہمیں اپنے علمی اور تہذیبی ورثے کی اہمیت کا احساس دلاتا ہے لیکن اقبال نے یہ بھی کہا ہے

بادہ ہے نیم رس ابھی، شوق ہے نارسا ابھی
رہے دو خُم کے سر پہ تم خشتِ کلیسیا ابھی

آپ کیا کہتی ہیں؟؟

شعریٰ: مکتبی تعلیم کے ساتھ رائج الوقت تعلیم بھی ضروری ہے۔ یہ ہمارا تجربہ ہے مگر مغرب کے نوآبادکاروں نے مکتب کو ہّوا بنا رکھا ہے۔ "سوغات" کے ایک شمارے میں، ہم نے اپنے ایک خط میں اس پر اپنا ردّ عمل ظاہر کیا ہے مگر گفتگو طویل ہے کئی پہلو ہیں، بات مختصر کریں تو گنجلک ہو کر رہ جائے گی اور یہ بھی نہیں کہ ہمارے دور کی افراتفری میں مکتب جہاں ہے جس حال میں ہے ماورائے تنقید ہے جس کو اپنی خیریت

عزیز نہ ہو وہ اس سلسلے میں بہت کچھ کہہ سکتا ہے یہاں اس کا موقعہ بھی نہیں۔

مصحف: جب آپ کو کسی شعر کی آہٹ محسوس ہوتی ہے تو آپ کیا چاہتی ہیں آپ کو کیسا موسم کیسی فضا درکار رہتی ہے؟ نظم کاغذ پر کیسے اترتی ہے؟

شعریٰ: ہم آپ کو ایک واقعہ سنائیں:

جب ہم مہدی منزل میں رہتے تھے تو ہمارے گھر کی ایک جانب شہر تھا دوسری جانب غیر آباد رقبہ۔ پرندوں کو گھر کا یہ محل وقوع پسند آیا اور کچھ ہُدہُد چڑیوں نے چھتوں اور دیواروں میں اپنے کاٹھ کے گھر بسا لیے۔ ویسے اس قوم میں مانوس ہونے کی صفت نہیں پائی جاتی لیکن ایک دن ایک ہد ہد زادہ فرش پر اتر آیا، کبھی اونگھتا ہوا کبھی بے چین۔ وہ ہمارے آس پاس پھرتا رہا۔ ایک بار تو بھائی کے کندھے پر بیٹھ گیا صبح سے سہ پہر تک ہم اس کے پیچھے پڑے رہے۔ جب زیادہ پیچھا کیا تو اس نے بے چینی سے اپنی چونچ کھولی۔ شاید فریاد کے لیے۔ تبھی اس کے گلے میں پھنسی کوئی چیز کنکر یا کیڑے جیسی ایک سانس میں باہر نکل کر دور جا پڑی۔ جیسے ہی مسئلہ حل ہوا اس نے اُڑان بھری۔ اب موصوف چہک بھی رہے تھے ورنہ صبح سے اب تک تو گم صم ہی پائے جاتے تھے۔

یہ گلے میں پھنسی ہوئی مصیبت ایک نظم بھی ہو سکتی ہے۔ میرے لئے کہ جب تک وہ لکھی نہ جائے تب تک ہر نظم کی آمد بند رہے۔

تو اس طرح نظمیں مجبور کرتی ہیں انسان کو کہ انہیں ضرور لکھا جائے۔ چاہے وہ پسند کی جائیں نہ کی جائیں۔

مصحف: "سوغات" ہی میں آپ نے اپنے خطوط میں حضرت ابوذر غفاری اور حضرت عثمان غنی کے اختلافِ جہاد اور حضرت عمر فاروق اور حضرت خالد بن ولید کے

مابین سیاسی اور عسکری اختلافات کے بارے میں جن خیالات کا اظہار کیا ہے کہا جاتا ہے کہ تاریخی شعور کی سطح پر ایسی بات کسی نے نہیں کہی۔ حمید نسیم نے تو یہاں تک کہا کہ اسلامی تاریخ کا آپ نے جس طرح مطالعہ کیا ہے، شاہ ولی اللہ کی کتابوں میں بھی وہ سطح نہیں ملتی اور نہ سید مودودی کی تحریروں میں ایسی ژرف نگاہی نظر آتی ہے۔ یہ خطوط "سوغات" کے کن شماروں میں شائع ہوئے تھے؟ چونکہ "سوغات" کے اکثر شمارے بیش تر شائقینِ علم وادب کی دسترس میں نہیں۔ کیا آپ اس موضوع پر اس گفتگو میں یہاں کچھ روشنی ڈال سکیں گی۔ اپنے مخصوص اشاراتی انداز میں نہیں ذرا تفصیل سے۔۔۔

شعریٰ: اس کے پیچھے تو ایک پوری تاریخ ہے تفصیل کے لیے تو بہت وقت درکار ہے یہ سمجھ لیں کہ حضرت عمرؓ کا حضرت خالد بن ولید کے خلاف فیصلہ ذاتی سطح پر نہیں بلکہ شریعت اسلامی کے احکام کے مطابق تھا کسی نے قصیدہ لکھا کہ خالد جہاں جائیں فتح یابی یقینی ہے۔ پھر حضرت خالد نے ایک سپاہی کی حیثیت سے جنگیں لڑیں۔۔۔ پھر حضرت ابوعبیدہ آئے۔ پھر بھی فتوحات ہوتی رہیں۔ وہ جو کہتے ہیں داڑھ میں دبائے رکھنا۔ تو حضرت عمر کا فیصلہ شرک کے خلاف تھا۔ حضرت خالد کی وفات پر حضرت عمر بہت روئے۔ حضرت ابوذر غفاری کا خیال تھا کہ دولت بے دینی اور زر پرستی کا سبب ہو سکتی ہے۔ دولت امیروں سے چھین کر غریبوں میں تقسیم ہو۔۔۔ لیکن شہری حقوق کی بنا پر فرد کی آمدنی کو محدود نہیں کیا جا سکتا۔ حضرت عثمان غنی دستور اسلامی کے محافظ تھے۔ تاہم ان چاروں میں آپس میں ایک دوسرے کے لیے محبت اور احترام کا جذبہ وافر تھا۔

مصحف: آپ نے تاریخ، مذہب اور ادب کے کئی موضوعات پر اپنے خطوط میں

اظہار خیال کیا ہے بعض باتوں میں اختلافِ رائے کی اجازت چاہوں گا۔ایران میں اجنبی پر گفتگو کرتے ہوئے ایک بار آپ نے مجھ سے کہا تھا کہ راشد ایران میں اجنبی کیسے ہو گئے؟ انہوں نے تو بس وہاں برطانوی ملٹری کیمپس دیکھے ہیں(زبیر رضوی کی کتاب پر تبصرہ کرتے ہوئے کچھ ایسی بات نکل آئی کہ میں نے آپ کا یہ جملہ نقل بھی کر دیا۔)اب ایسا ہی جملہ "سلسلۂ مکالمات" میں آپ کا پڑھا تو لگا کہ آپ راشد کے ساتھ زیادتی کر رہی ہیں۔کیا کسی سنے، دیکھے ہوئے واقعہ کو ہم اس قدر شدت سے محسوس نہیں کر سکتے کہ وہ ہمارے احساسات اور جذبات کا جزو بن جائے۔یقیناً آپ کی کئی نظمیں ایسی ہوں گی جو آپ کے روحانی اور جمالیاتی وجدان اور آپ کے تاریخی شعور کے زیر اثر وجود میں آ سکیں۔آپ کے تخلیقی وفور کی شدّت نے آپ کو ایک ایسے عالم سے روشناس کر دیا جہاں آپ کے مادی وجود کا گزر ممکن ہی نہیں۔۔۔جیسے آپ کی نظمیں۔"فصیل اورنگ آباد" کا تاریخی پس منظر "ایلورا"۔"خلد آباد کی سرزمین "رگ وید کی نظمیں اور بہت سی نظمیں بلکہ زیادہ تر نظمیں۔۔۔غزل کی شاعری بھی اس سے مبرّا نہیں اور نظمیہ شاعری تو ایسے اظہارات کے بغیر بے حد سکڑ کر سمٹ کر رہ جائے۔غالب نے جو "دل گداختہ" کی بات کہی ہے وہ ایسے ہی اظہارات کے لیے راہ ہموار کرتی ہے۔

شعریٰ: "ایران میں اجنبی" کے باوجود راشدؔ، میراجیؔ اور اختر الایمان کے ہم رتبہ شاعر ہیں۔ان نظموں میں انہوں نے فرنگی ملٹری کیمپ کو ایران قرار دیا ہے۔اعتراض صرف اس بات پر ہے۔

مصحف: ن۔م۔راشد کے علاوہ بعض موضوعات پر آپ نے محمد حسن عسکری سے بھی اختلاف رائے کا اظہار کیا ہے۔غالباً تاریخی شعور کے موضوع پر عسکری صاحب کا

کوئی مقالہ تھا جس پر آپ نے نہایت عالمانہ تنقید کی تھی۔ عسکری صاحب کا یہ مضمون کہاں شائع ہوا تھا؟ آپ اُن کی کئی باتوں سے متفق نہیں ہو سکیں؟ حمید نسیم نے لکھا کہ عسکری صاحب کے مضمون پر آپ کا طویل تبصرہ آپ کے فکر و وجدان کی کُلیّت کو واضح کرتا ہے اور یہ کہ آپ کا تجزیہ عسکری صاحب کے مقالے سے بھی وقیع تر ہے۔ اس لیے میں چاہوں گا کہ آپ اس بارے میں بتائیں تاکہ قارئین اذکار بھی کچھ روشنی حاصل کر سکیں۔

شعریٰ: عسکری صاحب کا یہ مضمون غالباً ۱۹۴۹ء کا لکھا ہوا ہے جو دوبارہ شائع ہوا تھا۔ ہمارے خیال میں یہ آج بھی اتنا ہی توجہ طلب ہے۔

عسکری صاحب سے یہیں اختلاف اس بات پر تھا کہ عسکری صاحب روایتی تاریخ ہی کو تاریخ مان کر چلے ہیں جو شاہی خاندانوں کے عروج و زوال کی کہانی ہے۔ وہ یہ نہیں دیکھ سکے کہ بیعت سے انکار، حکومت وقت پر کھلی تنقید اور سرکاری عہدے قبول کرنے سے انکار، اس تاریخ آزادی کے منتشر ابواب ہیں۔ اپنی تاریخ کے ایسے تجزیئے جس سے مغرب زدہ نسل کو الجھن ہوتی ہے، اس نے اپنے بچپن میں وہ کہانی نہیں سنی ہوگی کہ ایک تھا بادشاہ، ہمارا تمہارا خدا بادشاہ۔۔۔

ویسے بادشاہوں کے عروج و زوال کی روئداد پر مشتمل یہ تاریخ دوسری قوموں کی تاریخ کے مقابل کچھ ایسی بُری بھی نہیں۔ آخری دور کے "سوغات" میں محمد حسن عسکری سے اختلاف کے سلسلے میں ہم نے اس باب میں بہت تفصیل سے لکھا ہے۔ آپ پڑھ لیں۔۔۔

مصحف: چند سال قبل جمیلہ نشاط اور مظہر مہدی مرحوم نے آپ کے اعزاز میں

ایک جلسہ منعقد کیا تھا۔ غالب انسٹی ٹیوٹ نے اسی سال شاعری کے ایوارڈ کے لیے آپ کے نام کا اعلان کیا تھا اس جلسے میں شہر کے سارے عمائدین اور اہل قلم شریک تھے، اس جلسے میں جیلانی بانو کا کہا یہ جملہ مجھے یاد ہے کہ غالب انسٹی ٹیوٹ نے شعریٰ کو ایوارڈ دے کر اپنی قدر میں اضافہ کیا ہے۔ اس جلسے کی صدارت مجھے سونپی گئی تھی جب کہ اس جلسے میں میری موجودگی ہی میرے لیے بہت تھی۔ کئی ادبی شخصیتوں جیسے انور معظم، جیلانی بانو، مظہر مہدی، مضطر مجاز، علی ظہیر، جمیلہ نشاط، رؤف خیر کے علاوہ عالمی شہرت یافتہ Feminist اور Social Activist محترمہ وسنت کنا بیرن، ہم سب نے آپ کی شاعری کی تحسین کا حق ادا کرنا چاہا تھا۔ ہمارے اصرار پر آپ نے اپنی نظم 'حضارتِ جدید' کے کچھ حصّوں کے علاوہ کئی نظمیں سنائی تھیں۔ اپنی چند ایسی نظموں کے بارے میں بتایئے جو آپ کو بے حد پسند ہیں۔ ان سے جڑے واقعات، تجربات اور احساسات کے بارے میں۔۔۔

شعریٰ: نظموں کا تعلق اولاد جیسا ہوتا ہے، سبھی نظمیں اچھی لگتی ہیں سب سے جڑے واقعات تجربات اور احساسات اہمیت رکھتے ہیں مگر ان کو ایک تعارفی مضمون میں پیش کرنا مشکل ہے۔

مصحف: آپ نے سچ کہا تخلیق کار کو اپنی ہر تخلیق اچھی لگتی ہے لیکن بعض نظموں کے پیچھے بس کوئی احساس، خیال کی کوئی لہر ہوتی ہے اور کچھ نظموں کے پیچھے کوئی کہانی۔ کیا ایسی کچھ نظمیں ہیں جن کے پیچھے ماضی کی یا تاریخ کی چلمن سے کوئی کہانی جھانک رہی ہو۔۔۔

شعریٰ: ایسی کئی نظمیں ہیں جیسے "رابعہ تابعیہؒ کی یاد میں"۔ "مریم صدیقہؑ" "فرعون

کی بیوی کے کردار پر نظم۔ "ستارہ آدرش کا" وغیرہ اور بھی کئی نظمیں ہیں لیکن ان پر گفتگو کے لیے کئی صفحات درکار ہوں گے۔

مصحف: خود اپنے ماضی سے جُڑی کوئی کہانی۔۔۔

شعریٰ: نہیں یہ موضوع رہنے دیں۔۔۔

مصحف: قدیم اُردو اور فارسی شعراء میں کن شاعروں کو آپ بار بار پڑھتی رہی ہیں۔ "قدسی وصائب واسیر وکلیم" آپ نے سب کا کلام دیکھا ہے۔ اساتذہ میں وہ کون ہیں جنہوں نے آپ کو زیادہ متاثر کیا اور جن کی شاعری کو آپ نے رگِ جاں سے قریب تر پایا؟

شعریٰ: فارسی شعراء میں حافظ، عربی شعراء میں سبع معلقات کے شاعر اور اُردو میں بھی یوں تو کئی شاعر ہیں لیکن ہم یہاں احمد ندیم قاسمی کا نام لیں گے۔ انہوں نے اپنی شاعری اور افسانوں میں دیہات کو پیش کیا ہے۔ پاکستان جانے کے بعد بھی وہ ہندوستانی ہی رہے۔ اقبال جو فارسی اور اُردو دونوں زبانوں کے شاعر ہیں رگِ جاں سے قریب تر رہے مگر میں نے کبھی اُن کے لب ولہجہ کو اپنانے کی کوشش نہیں کی۔

مصحف: آپ نے جب شعر گوئی اختیار کی تو یہ وہ زمانہ تھا جب ترقی پسند تحریک اور اس کے متوازی حلقۂ اربابِ ذوق اپنا اثر و رسوخ کھو رہے تھے۔ اپنے پیش رؤں میں مخدومؔ، فیضؔ، مجروحؔ، مجازؔ، جذبیؔ، راشدؔ، میراجیؔ، مختار صدیقیؔ، مجید امجدؔ، یوسف ظفرؔ، قیوم نظرؔ وغیرہ ان میں آپ کے پسندیدہ شاعر کون رہے ہیں؟ ترقی پسندوں یا حلقے کے نظریۂ ادب سے آپ کہاں تک اتفاق کرتی ہیں پھر جدیدیت اور اب مابعد جدیدیت کے بارے میں جو مختلف اور متضاد آراء ہمارے سامنے آرہی ہیں تو آپ کا ردِ عمل کیا ہے؟ آپ کی

دانست میں یہ ہمارے تاریخی اور تہذیبی ورثہ سے ناواقفیت اور Alienation کا نتیجہ ہے۔ یا آپ کے خیال میں عصر حاضر کے ادب کی افہام و تفہیم کے لیے ادبی تھیوری کے مباحث قائم کرنا آج ہمارا ادبی فریضہ ہے۔

شعریٰ: آپ نے جن شاعروں کے نام لیے اُن میں سے بیشتر کی شاعری کو ہم قدر کی نگاہ سے دیکھتے ہیں۔ ہم شاعروں کو کسی تحریک یا حلقے میں نہیں بانٹتے۔ ترقی پسند تحریک سے جڑے لوگوں کی کمیونزم سے وابستگی رہی۔ ترقی پسند شعراء میں قابل ذکر وہ ہیں جنہوں نے تحریکی فکر و نظر کے مقابلے میں اپنے فن اور اس کے ارتقاء کی طرف زیادہ توجہ کی۔ اُدھر مغربی ادیب اپنے انفرادی رجحانات کو عالمی تحریک کا نام دینے کے بہت شوقین ہیں۔ اوسط درجے کے ادیب کسی تحریک کی بدولت اعلیٰ درجہ پا لیتے ہیں۔ ادب کی نت نئی تحریکوں میں الجھ جانے کے بعد مشرق کے ادیب و شاعر اپنے ہم عصروں پر فوقیت حاصل کر لیتے ہیں مگر دراصل ان کے پاس کچھ کہنے کے لیے باقی نہیں رہتا۔

مصحف: ہم عصر شعراء میں آپ کے خیال میں قابل ذکر کون ہیں؟ کون ایسے جو محض اپنی پی۔ آر کے سہارے بھیڑ میں شامل ہو گئے کبھی آپ کو یہ احساس بھی ہوا کہ:

پہنچے وہ لوگ رتبہ کو کہ مجھے
شکوۂ بختِ نارسا نہ رہا

یہ بھی بتائیں کہ آپ کے فوری بعد جو نسل سامنے آئی ہے، اُن میں آپ کس کس کا نام لینا چاہیں گی؟

شعریٰ: معاصرین علاقہ واریت کو اپنی پہچان بنانا چاہتے ہیں۔ ورنہ شخصی مراسم۔۔۔، پھر کوئی شخص اپنے حلقہ کا مکھیا بن جاتا ہے۔ سلیمان اریبؔ، خلیل الرحمن

اعظمیؔ، محمود ایازؔ، حمید نسیمؔ جیسے نظر ور کم ہیں جو ادب اور شاعری میں ذاتی ترجیحات سے ہٹ کر سوچ سکیں۔ حیدرآباد میں بھی یہی صورت حال ہے۔ خاص طور پر وہ غریب الوطن جو مقدر کی کار فرمائی سے یہاں مقیم ہیں اسی اجنبیت کا شکار ہیں۔

پبلشر مختار ہیں کہ کس کتاب کو قاری سے متعارف کروائیں کس کو نہیں۔

روز ناموں کے مدیروں نے تنقید کے شعبہ پر نقادوں کی عمل داری کا خاتمہ کر دیا ہے۔ شاید اشتہاروں کی بھرمار اور کھیل کی خبروں کی وجہ سے اخبار میں جگہ باقی نہیں۔

مشاعرہ کی محفلوں نے سماجی تفریح گاہوں کی حیثیت اختیار کر لی ہے۔ ان میں تہذیبی آداب کی روشنی بھی ہوتی ہے اور ہلڑ بازی بھی۔

ہمارے معاصرین اسی نئی صورت حال سے دوچار ہیں۔ ان سے مقابلہ کا سوال ہی نہیں پیدا ہوتا۔

مصحف: شعری صاحبہ۔ بے حد شکریہ۔ آپ نے اپنے بارے میں، اپنی شاعری کے بارے میں اور علم وادب کے کئی موضوعات پر ہم سے سیر حاصل گفتگو کی۔ مجھے یقین ہے نہ صرف میں بلکہ قارئین اذکار بھی آپ کے ممنون رہیں گے۔

شعریٰ: شکریہ۔۔۔ شکریہ۔ میں بھی آپ کی اور خلیل مامون صاحب کی شکر گزار ہوں۔

***

انتخابِ کلام

گڑیا گھر

ریاضت کے لئے مردانِ حق
کوہ و بیاباں کی طرف نکلے
کبھی ڈوبے کبھی اُبھرے
مگر گڑیا کی رنگین پالکی کو
پالکی بردار
جس بستی میں لے آئے
وہیں اپنی تپسّیا کی ڈگر پر اس کو چلنا ہے

سڑک کہتی ہے نامانوس قدموں سے
ذرا آہستہ چل گڑیا
سمٹتا سایہ اشجار کہتا ہے
یہاں سے بھی
گذرنے کی مناہی تو نہیں لیکن
ذرا مجھ سے پرے ہٹ کر گذرنا ہے
کہیں سرگوشیوں کا لکھنؤ آباد ہوتا ہے
وہی اک ہستی بے ہست و بود

اور مستزاد اِس پر
ہمیشہ عام دھارے سے الگ بہنے کی
بیڑا غرق تیاری

اسے کس نے جلایا
آس پاس اس کے
نہ تھا، نیرنگیِ افلاک کا سایہ
مگر زعم اَنا کی خانماں برباد چنگاری
چمکتی ہے جو اس کی راکھ میں اب تک
اسی سے پوچھ لو
آئی کہاں سے آگ کمرے میں،

چھٹی حس بھی معطل ہونے لگتی ہے جب اخباروں کی خبروں سے
تو پرکھوں کی دُعائیں
کام آتی ہیں
وہ گڑیا کو کہانی
ایسے بیڑوں کی سناتی ہیں
ہزاروں سال کے ترکِ وطن کے بعد بھی
جن کی جڑیں
اپنی زمین سے جُڑ نہیں پائیں

تو گڑیا مسکراتی ہے
تو گڑیا مجھ سے کہتی ہے
وہ بحر روم کا خطہ بھی
بحر روم کی موجوں سے
کب تک رہ سکا ملحق
تو ہم کس کھیت کی چڑیاں ہیں
اپنا بھی بسیرا
دور بحر روم کی موجوں سے
فطرت ہی کی رچنا ہے

پکارے جا رہا ہے شاخ پر کاگا
مرا آنگن تو اس کا منچ ہے گویا
پکارے جا رہا ہے
کون جیتا ووٹ کے آدھار پر اور کون ہارا ہے
"نہیں" معلوم، کتنی بار دہراؤں
میں کس سے پوچھنے جاؤں
یہ سناٹے کی تہہ میں ہونکتا آسیب کیسا ہے
کسی مائک سے یہ چھو جائے تو مائک بھی نیلا اور زہریلا
کسی بستی میں رم جائے
تو بستی کے سبھی آبی ذخیرے غرق لاشوں میں

یہی وہ اژدھا ہے پھونک جس کی
بجھاتی آئی ہے سارے دیے کتنا اندھیرا ہے

یہ حسرت رہ گئی
سارا جہاں ہوتا
گھروندا اپنا موروثی
پہن کر خول کچھوے کا نہ پھریوں زندگی کرتے
غبار آلود چہروں اور پراگندہ لٹوں والے
ملامت کیش

تو درویشو،
بساط ہاؤ ہو
کچھ اور پھیلا کر بچھانا ہے
جہاں اک حلقہ یک رنگیِ احوال مل جائے
وہاں پھونکوں میں کَش در کَش اُڑانا ہے
دھواں یہ کھو کھلے سازوں میں لہراتا ہوا دائم
سنائی دے رہی ہے دور کی آواز
ہزاروں تیشے ہوں ضرب آزما جیسے
کسی دیوارِ آہن پر

اٹھانے آئے ہیں ملبہ عجائب گھر
کشادہ راستہ اک سامنے پاتے ہی
حرکت میں قطاریں چونٹیوں کی
ہائے یہ پاتال کے باسی
کہاں سے ؟
غیب سے شاید
یہ سیلابِ بلا اُمڈا اچلا آتا ہے
شاید آج تک
مردم شماری والوں نے
دیکھا نہیں ان کو نظر بھر کر

بسیں کاریں
اور ان کے ساتھ واہن
چابیوں سے چلنے والے
بانچتے ہیں پاٹھ پہلا
کوچ کرنے کا
کہ اپنے آڈیو اور ویڈیو کیسٹ
چلا کر دیکھ لیں پہلے
کہیں واماندگی ان کو نہ آئے بیچ رستہ میں

ٹرک بھی اک کہن ماڈل کا
ازبر کر رہا ہے پھر
ٹریفک کے قواعد کو
لگاتا ہے بریک اک دم کہاں
ہنگامِ سرمستی،
مسلسل ہارن دیجئے
جب بھی اوورٹیک کرنا ہو
اگر گمراہ کن رفتار سے آئے
تمہاری روشنی میں کوئی موذی کنکھجورا بھی
تو سائڈ دے کے نکلو گے

مگر اس موڑ پر، گل بتیاں اب بھی، وہ سبز و سرخ؟
ادھر سے
اے ٹرک
شبدوں کی سیما کا،
علاقہ وہ ابھا گا ہے
جہاں بادِ بہاری کی سواری کا گذر مشکل
غتربود اس پہ ایسی اب روا ہے
جو گوارا تھی
نہ در عہدِ سلیمان ابن داؤد

نہ در ایام بو بکر وف بن سعد
کسی مجہول و معروف
شہ صاحبِ قرآں نے
لفظ کے زیر و زبر تک کو نہیں چھیڑا
نہ رسم الخط، جو پیراہن تھا خوش رنگ
گلستاں بوستاں کا،
کبھی بدلا، کسی خلد آشیان نے۔
یہیں سے بیکراں،
دریائے شور اپنا،
سکوتِ ساحل غم ناک کے،
منظر میں ڈھلتا ہے،

اچانک راہ میں کھل اٹھنے والا پھول ہنستا ہے
خزانہ خندہ ہائے بے سبب کا ہے،
گڑا شاید،
اسی مٹی کی تہہ میں،
جس کی ہریالی پہ نام اس کا،
قضا و قدر کے طغرا نویسوں نے،
یہی وہ کارکن ہیں،

کام بلڈوزر سے انجانے میں،
لیتے آئے ہیں جو،
قلبہ رانی کا
اچانک راہ میں کھل اٹھنے والے پھول!
ہنستا رہ۔
یہاں، اے جانِ جاں تجھ سے
'کسی تتلی سے پر لے اور اُڑ جا"
کون کہتا ہے۔!

****

بازیابی

ذرا سی رنجشِ بیجا
وہ گردابِ بلا جس میں
سفینہ دل کا اب ڈوبا کہ جب ڈوبا

ذرا سا اک ہنکارا ابھی اُبھرنے کو بہت ہے
اے عزیزِ مصر

بہت آفت رسیدہ ہم
بہت آفت رسیدہ خانداں والے
دیارِ قحط سے لائے ہیں پونجی بھی بہت کم
تو جھکتا تول، پورا ناپ دے
کھاتہ کھرا لکھ، چھوٹ بھی دے واجبی سچی
اگر کچھ چھوٹ دینے کی سکت ہے
اے عزیزِ مصر

پھر اس کے بدلے بھر بھر پلہ انواع جزا پا
مالک روزِ جزا سے اور ذخیرہ کر

یہی وہ موڑ تھا، ٹکرا کے ٹوٹا جس سے
صومِ خامشی اس کا
تو سچ سچ کہہ دیا اس نے
یہ کذب و افتراء حاشا نہیں
دیکھو میں زندہ ہوں

ذرا سی دیر کو ارض و سما سناٹے میں آ کر
گلے ملتے ہیں
گرد آلود چہرے گرم اشکوں سے بھگوتے ہیں
سنبھلتے ہیں تو پھر چشمک زنی کا دور چلتا ہے

"اسے تو کھا گیا تھا بھیڑیا دشتِ اجل کا
پھر کہاں سے یہ نکل آیا،
فدا ہوتے ہیں عارض چومتے ہیں
ناگہاں کچھ یاد آتے ہی
بہکنے لگتے ہیں
دیکھو اتنی دیر میں پھوٹا
ہمارے دل سے بڑھ کر دل ترا
پتھر صفت ہے
اے عزیزِ مصر!

* * *

فصیل اورنگ آباد

یہ فصیل پارینہ یہ کھنڈر یہ سناٹا
کس خیال میں گم سم ہے یہ رہگذار آخر
میں یہاں ٹھٹکتی ہوں سوچتی ہوں تھوڑی دیر
یہ شکستہ بام و در کیوں ہیں سوگوار آخر
گرد اُڑ رہی ہے اب جس وسیع میداں سے
اس کو روند کر گذرے کتنے شہ سوار آخر
کتنے انقلاب آئے کتنے حکمراں بدلے
ہے یہ خاک کس کس کے خوں سے داغدار آخر
کھو کے اپنی رونق کو یہ اداس ویرانے
کب تلک رہیں گے یوں محوِ انتظار آخر
مدتوں یہاں شاہی روندتی رہی سب کو
اور کب تلک چلتا اس کا اقتدار آخر
بزمِ عیش و عشرت میں کیا کسی نے سوچا تھا
وقت توڑ دیتا ہے عیش کا خمار آخر
نشۂ حکومت سے کوئی جا کے یہ پوچھے
کیوں کھنڈر ہی رہتے ہیں تیری یادگار آخر

ماتمی ہوائیں بھی بھر رہی ہیں آہیں سی
زیر خاک کس کس کے دل ہیں بے قرار آخر
حوصلوں امنگوں کی اک چتا سی جلتی ہے
دھیرے دھیرے سینے میں کوئی شئے پگھلتی ہے

خود بخود کھنچ آئے ہیں اس طرف قدم میرے
یہ فصیل اپنی سمت کیوں مجھے بلاتی ہے
آج اس پہ چڑھ جاؤں اور پوچھ لوں اس سے
کون سی کھٹک ہے وہ جو اسے ستاتی ہے
کتنی تند و سرکش ہے یہ ہوا بلندی پر
پی کے جام سرشاری جھومتی ہے گاتی ہے
آکے اس بلندی پر دل مرا دھڑکتا ہے
زندگی نشہ بن کر جسم میں سماتی ہے
سر اٹھانے لگتی ہے حسرتِ پرِ پرواز
بے کلی طبیعت کی اور بڑھتی جاتی ہے
پر سکوں فضاؤں سے پھوٹتی ہے موسیقی
اک رباب سحر آگیں زندگی بجاتی ہے
بے نقاب ہوتا ہے روئے روشنِ فطرت
آسماں کی پہنائی اور پھیل جاتی ہے
چار سو محبت کا سحر چھانے لگتا ہے
ایک ایک ذرے سے بوئے عشق آتی ہے

دور کی حسیں دُنیا آہ کتنی پیاری ہے
دھیرے دھیرے ہر کلفت دل سے مٹتی جاتی ہے
یہ فصیل ہے سنگم کتنی جوئباروں کا
مختلف زمانوں کا مختلف نظاروں کا

ایک سمت کھیتوں کی خوشگوار ہریالی
فرط سرخوشی سے ہے پتّی پتّی متوالی
ننھی ننھی چڑیوں کے دل یہاں بہلتے ہیں
کھیت کی خموشی سے زمزمے ابلتے ہیں
کاشتکار کے دل کے سب دبے چھپے ارماں
ان حسین خوشوں کی گودیوں میں پلتے ہیں
اک ہوا کے جھونکے سے کھیت ہو گئے ترچھے
جھک کے پھر وہ اٹھتے ہیں گر کے پھر سنبھلتے ہیں
پھوٹتے ہیں آنکھوں سے تازگی کے سرچشمے
جاگ اٹھتے ہیں دل میں کچھ نئے نئے نغمے

دوسری طرف اک شہر اک جہان شور و شر
جھانکتے ہیں پیڑوں کی اوٹ سے ہزاروں گھر
چمنیاں دھواں سقف و بام پر اگلتی ہیں
ایک دھندسی چھائی ہر طرف ہے بستی پر
اس دھوئیں میں ہے شامل بستیوں کی آہ دل

اس دھوئیں میں ہے شامل آرزو کی خاکستر
بڑھ رہا ہے دکھیوں اور روگیوں کا اک سیلاب
سامنے وہ چھوٹے سے اسپتال کے اندر
گونجتی ہے رک رک کر اک گھٹی گھٹی فریاد
اک دبا دبا سا شور اٹھ رہا ہے رہ رہ کر
آفتاب کی کرنیں تابشیں لٹاتی ہیں
مستِ خواب ذرّوں کو پیار سے جگاتی ہیں

شہر کی ہر اک جانب قافلے پہاڑوں کے
اک حصار کی مانند سلسلے پہاڑوں کے
ان کی کچھ گپھاؤں میں فن کی سحر کاری ہے
ارتقا کی شمعیں ہیں اُن کی جلوہ باری ہے
چند بے نشاں فن کار اک جھلک دکھاتے ہیں
اپنے فن کے پردے میں چھپ کے مسکراتے ہیں
پتھروں سے ٹکرایا عزم آہنیں جن کا
ڈھل گیا حقیقت کے روپ میں یقیں جن کا
کھردری چٹانوں سے زندگی ابلتی ہے
ظلمتوں کے سینے میں روشنی مچلتی ہے
ہے ہر ایک ذرے پر مرتسم خیال ان کا
اک زمانہ حیراں ہے دیکھ کر کمال ان کا

مورتوں کو خود اپنا دل دیا زباں بخشی
حسن جاوداں بخشا عمر جاوداں بخشی

گونجتا ہے غاروں میں سازِ دل کا زیر و بم
بربطِ عقیدت پر نغمۂ نشاط و غم
سرد سرد کچھ آہیں گرم گرم کچھ انفاس
مرتعش ہے ہر جذبہ منعکس ہے ہر احساس
ضرب تیشہ کی اب بھی آرہی ہے اک آواز
کہہ رہا ہے صدیوں کے سوز و ساز کا اعجاز
ہم نے فتح کے پرچم رفعتوں میں لہرائے
تیرگی میں بھی مشعل لے کے ہم اتر آئے

ایک سمت پانی کی لہر لہر رقصاں ہے
جھنڈ ہیں سندولی کے اور وسیع میداں ہے
اس وسیع میداں میں اک طرف کنارے پر
جھیل سے ذرا ہٹ کر ایک شہر ویراں ہے
کچھ شکستہ بام و در اور چند سوکھے حوض
کچھ مزار خاموشی جن پہ فاتحہ خواں ہے
انقلاب دوراں نے سب مٹا دیا لیکن
اک عمارت کہنہ آج بھی نمایاں ہے
کچھ رفیع مینارے اب بھی مسکراتے ہیں

رہرووں کو صدیوں کی داستاں سناتے ہیں

دیکھنا وہ دلرس کے ہاتھ کا حسین کنگن
جگمگا اُٹھا جس سے کوہسار کا دامن
جیسے شمع جلتی ہو شام کے اندھیرے میں
جیسے چاند ہو محصور بادلوں کے گھیرے میں
جوئے شیر کا جیسے پربتوں میں نظارہ
جیسے خشک صحرا میں چھوٹ رہا ہو فوارہ
تاج کی الگ ہے بات تاج غیر فانی ہے
ارجمند بانو کے پیار کی نشانی ہے
مقبرے میں دلرس کے ایک ماں ہے آسودہ
اک سفید آنچل ہے گم شدہ جوانی ہے
اس کے ساتھ لپٹا ہے سایہ کوہساروں کا
اُس کے ساتھ جمنا کی پرسکوں روانی ہے
عشق کی فغاں ہے وہ حسن کامراں ہے وہ
مامتا کے دامن کی چھاؤں یہ سہانی ہے
چاند سی جبیں پر وہ اک سہاگ کا جھومر
یہ سفید بالوں کا نور آسمانی ہے
وہ ہے اک اچھوتا نقش مرمریں چٹانوں پر
یہ سفید پتھر پر اس کا نقش ثانی ہے

پیار کے اجالے سے سنگ و خشت تابندہ
پیار کے سہارے سے زندگی ہے پائندہ

شاہراہ سے لگ کر اک کہن عبادت گاہ
سر نوشت دوراں کا کوئی رازداں جیسے
خوش نما گراں پیکر نقش محکم و سادہ
سنگ و خشت میں لپٹا نور خاکداں جیسے
اس کا صحن بے سرحد عام خاص کا میداں
در کشادہ ہر جانب اُس کا سائباں جیسے
طاق و منبر و محراب سوز و ساز کے ہنگام
یوں دکھائی دیتے ہیں، ہوں نہ درمیاں جیسے
نقش سجدہ پر قائم اس کی جاوداں بنیاد
ہے سرشت انساں میں اک لونہاں جیسے
یاس کے اندھیرے میں اور غم کی راتوں میں
آس کا نشاں جیسے صبح کا سماں جیسے
چھجوں سے بچوں کے صحن سیڑھیاں گلزار
کل کی صبح کو ان کا نغمہ اذاں درکار
اس فصیل نے مجھ کو اک نیا یقیں بخشا
سردراکھ میں جیسے جاگ اٹھے شرارے سے
پھوٹتی ہوئی دیکھیں میں نے کچھ حسیں کرنیں

ایک ایک ذرّے سے اور سنگ پارے سے
کر رہے ہیں سر گوشی جھُنڈ کچھ سندولی کے
سوچتے ہیں بڑھ جائیں جا ملیں منارے سے
کچھ ہیں ان میں نورستہ شوق نارسا جن کا
ہر گھڑی چلاتا ہے ان کے دل پہ آرے سے
شوخ وشنگ کرنیں بھی جھیل میں نہانے آئیں
بے قرار موجوں پر ناچ اٹھے ستارے سے
اف کنول کے پھولوں کا یہ تبسم شیریں
کانپ اٹھے ہیں شرما کر موج کے اشارے سے
زندگی کے اس رقص بے خودی کو چمکانے
آ گئے ہیں طائر بھی چند پیارے پیارے سے
دور پھر وہ گونج اٹھی بانسری کی میٹھی لَے
سرخیاں جھلک اٹھیں پھر ہر اک نظارے سے
کاروانِ ہستی ہے دمبدم تپش اندوز
آرزو کی گرمی سے عشق کے شرارے سے
ہم بھی اپنے قدموں کو تیز تیز تر کر لیں
اپنے عزم محکم کو اپنا ہم سفر کر لیں!

***

جب بھی سحر آئی

جب بھی سحر آئی یہاں
بادۂ گلگوں کا نشہ
ابر کے پیکر میں رچا
چشمہ سیمیں میں بہا
موج کے ساغر میں رچا
آتش گلزار بنا غنچۂ احمر میں رچا
جب بھی سحر آئی یہاں
چاند ستاروں کے شرر
شرق کی لالی میں گھلے
اوس کے تابندہ گہر
نور کے دھارے میں بہے
دشت میں تاحدِ نظر جال شعاعوں کے تنے
جب بھی سحر آئی یہاں
ناچ اٹھی بادِ صبا
جاگ اٹھے نغمہ سرا
رنگ اڑے عطر بہا

اشک تھمے درد مٹا

رات کے خاموش سمندر سے اُٹھا سیل نوا

جب بھی سحر آئی یہاں

اس کا یہی روپ رہا

اس کا یہی رنگ رہا

رقص تجلی کے لیے

آئینے کوتاہ پڑے

صحن جہاں تنگ رہا پہن بیاں تنگ رہا

کل کی ضیاء آج کی ضَو

یہ بھی کوئی بات ہوئی

جب بھی تھمی وقت کی رَو

جب بھی کبھی رات ہوئی

شعلہ تغیر کی لو برق صفت تیز ہوئی نور کی برسات ہوئی

جب بھی اٹھا شور درا

راہ اُجلتی ہی رہی

قافلہ چلتا ہی رہا

چشمۂ رفتار سدا

موڑ بدلتا ہی رہا

سینۂ امواج میں اک سیل مچلتا ہی رہا

جب بھی بہار آئی یہاں

فطرت رنگیں چمن
پھول اُگلتی ہی رہی
محفل نو ہو کہ کہن
شہر ہوں یا دشت و دمن
شمع مرے راگ کی جل جل کے پگھلتی ہی رہی
تا کہ نمایاں ہو کبھی
قسمت آدم کی سحر
جس کے لیے شام نہیں
جس کے نظارے کو ابھی
تاب نظر عام نہیں
جس کے نقیبوں کو کسی دور میں آرام نہیں!

* * *

بازگشت

نغمہ زارِ درد کی جانب چلے ہم
ایک بھی ذرہ نہ کچلا جائے اس رفتار سے
نغمہ زارِ درد کی جانب چلے ہم
کنج میں پیڑوں کے سورج جھانکتا تھا
کوہساروں سبزہ زاروں میں جھمکتی روشنی کا جشن تھا
جشن جاری ہی رہے گا تا ابد
جاری رہے
نغمہ زار درد کی جانب چلے ہم
لعل و مرمر سے گندھا قالب
اور اس کے ماوراء اس کے قریب
بجلیوں جیسا مصفی اک وجود
چار سو بکھرے ہوئے خاموش سونے آسماں
ہم کہاں ہیں ہم کہاں۔ نغمہ زار درد ہے یہ (ہم کہاں)
اتنا بے آواز جیسے
آتما اپنی شعاعیں
ریشے ریشے سے بدن کے کھینچ لے